LE SOUDAN

Sous le Règne du KHÉDIVE ISMAIL

LE SOUDAN

SOUS LE RÈGNE DU KHÉDIVE ISMAIL

NOTES D'UNE DÉCADE HISTORIQUE

1868 - 1878

Dr ABBATE PACHA

LE CAIRE 1905.

LE SOUDAN [1]

SOUS LE RÈGNE DU KHÉDIVE ISMAIL

Le père de l'histoire, comme on l'appelle, commence le Ier livre Clio, par ces mots :

« Herodote d'Alicarnasse consigne dans cette histoire les résultats de ses recherches, afin que les actions des hommes ne soient pas effacées par le temps et que les grands et prodigieux exploits accomplis ne tombent pas dans l'oubli. »......

En prenant acte de ces nobles paroles par lesquelles le célèbre historien ouvre ses narrations, je les regarde comme une leçon, comme un exemple fidèle de ce que doit être toujours la conduite des écrivains : chercher de

---

(1) Nul n'estime plus haut que moi l'état actuel.

Sous les auspices augustes de S. A. le Khédive Abbas Hilmi, de grandes améliorations ont été réalisées dans l'Egypte et le Soudan, grâce au génie inspirateur de Sa Seigneurie Lord Cromer et à l'esprit de progrès du Ministère National.

Les efforts du gouvernement Anglo-Egyptien au Soudan, secondés par le talent actif du Sirdar Sir Wingate Pacha Gouverneur Général, nous montrent les meilleurs et les plus réels résultats de l'heureux état présent. La grande ligne du chemin de fer entre Berber et Port-Soudan — c'est à dire tout près de Souakim — ligne revée d'avance dans les projets du Khédive Ismail, nous donne une des preuves lumineuses du grand avenir réservé à ces régions.

relater des faits dont on a été spécialement témoin et faire son possible de ne pas les laisser tomber dans un négligent et insouciant oubli, d'une injustice criante et d'une écœurante et méprisable indifférence.

Heureusement, à mon grand âge, on n'est plus illusionné ni par le bien-être à venir, ni par des ambitions sociales. Dans cet état, chaque chose est conformée, tout repose dans la plénitude du sens moral d'une vérité, toute nue, absolue, irrévocable. On est, ainsi, dans la possibilité de dire hardiment, dans les éclairs d'une conscience limpide, sans nébulosités, sans équivoques, ce que dicte une longue méditation et une très longue expérience.

Fort de ces principes de conscience et de vérité, j'ai le courage et l'audace de ne pas craindre de polémiques, fussent-elles acerbes. Du reste ces quelques notes n'ont aucune prétention. Elles ne forment pas une histoire du Soudan, ni peuvent donner le droit de trancher toutes les questions que s'y rattachent.

Quand l'histoire s'appuie sur des documents officiels, quand elle a pu puiser dans les archives d'état les faits accomplis, toutes préventions, toutes conventions s'évanouissent pour faire place à la réalité. Il y a là évidemment une certitude sur laquelle les hommes aiment à s'appuyer quand elle est favorable à leurs intérêts. Ils ne se trouvent plus en présence de paradoxes flagrants, ou bien d'illogismes évidents dont il n'est pas possible d'être dupe, par des periphrases rétorses, des métaphores facheuses et de fausses interprétations.

Qu'il me soit permis de dire d'une manière incisive, que en théoriciens rigoureux des passions, en anatomistes minutieux de ces temps représentant un tourbillonemment de faits inconnus et fascinants; dans cet épanuissement, dans cette amplitude d'un esprit capable de refléter le vaste empire revé : nous devons considérer les grands efforts du Khédive Ismaïl et l'ensemble de ces événements, comme méritant bien l'épithète de sensationnelles surtout par ses coordonnées nationales. Le Khédive en effet avait si bien organisé son œuvre, prévu les conséquences et reglé les différents services des provinces soudaniennes acquises, que tout s'est passé normalement, rapidement. La tache était grande, ardue. Il a fallu pour la réaliser, toute la vigueur et la fermeté dont était doué l'esprit d'Ismaïl Ier. Les révélations historiques de cette période, indiquant purement les faits, démontrent à l'évidence la force et la valeur qui les constituaient originairement. Certes, le Khédive jouissait de tous les pouvoirs, et même, sans le connaître, parfois avec hardiesse et ferme résolution, se faisait fort du fameux théorème de Spinoza, que « le droit a pour limite la puissance. »

*
* *

L'ancien Khédive d'Égypte, le magnanime Ismaïl Ier, a été dédaigneusement oublié. Je ne fais pas une biographie de l'homme, ni une histoire de son règne. Cela échappe à ma compétence aussi bien qu'au cadre de mes modestes notes. Toute la gamme heureuse ou sombre qui se joue dans cette intéressante époque a été traitée à temps, et passionément.

On s'est désintéressé avec une apreté ironique par trop irrevérencieuse. Notre période historique, quelquefois bornée ou calomniée sans être connue dans ses détails, a droit à la réhabilitation comme période absolument abandonnée à l'obscurité du silence. C'est pour cette cause que dans ces pages, que je débarasserai du parasitisme des souvenirs insignifiants, je me suis permis d'être un faible écho des revendications historiques.

Pourtant l'idée de ces pages est entrée en moi comme un devoir imposant et de conscience. Je les écris sans aucune aspiration, sans espoir et sans remords, à simple titre de morale et de justice, pour un souverain qui m'a honoré de sa grande sympathie et de son estime dans ses derniers temps d'abandon et de désastreuse détresse.

J'espère enfin que ces quelques pages, conçues et composées dans la solitude de mon ermitage, ne seront pas du premier coup melées d'une manière tapageuse à la bataille des idées contemporaines.

*
* *

Je ne soumets au public que des notes et ne produis qu'une *carte*. Une simple coup d'œil jeté sur cette carte revèle par une impression synthétique, l'œuvre de ce souverain, avec les actes, les faits et les résultats, compris dans une décade.

C'est là une histoire visible et incontestable d'un vaste projet de l'Empire Egyptien, étendant ses larges limites au Soudan et aux régions équatoriales.

L'intérêt du spectacle direct que j'ai cherché a mettre en évidence est en effet préférable à toute interprétation des notes suivantes. Il est cependant à faire observer que ces petites notes étaient aussi nécessaires, pour mieux fixer les localités, les itinéraires et les noms, par des éclaircissements qui s'y rapportent. Ainsi à ceux qui ne voudront pas se donner la peine de lire ces pages, il suffira de s'approcher seulement au bord du panorama qu'offre la carte. La *carte* annexée nous permet en une rapide inquisition, un clin d'œil impossible dans un long récit d'histoire. Ce n'est pas dans une atmosphère des spéculations abstraites que toutes ses indications nous permettent d'embrasser par le regard une grande étendue d'espace. Peut-être ces vues demesurées et confuses favorisent-elles les concentrations de la pensée que distrairait un détail trop voisin trop circonstancéé. Peut-être le contraste entre l'observation et l'ampleur du champ où se développe l'activité de l'action est favorisé par le coup d'ensemble, dont la *carte* nous fait apprécier les événements.

Malgré l'insouciance actuelle devant ces grands faits, malgré l'oubli incohérent de cette épopée —il y a de ça un quart de siècle—j'ai confiance que le bon souvenir reprendra dans le public et qu'il y a encore de bons esprits qui pensent avec justesse et des cœurs qui palpitent aux grandes vérités.

J'ai le ferme espoir que dans cette occasion, dans ce reveil de souvenirs, l'âme populaire évoquera aussi dans sa mémoire les ombres des grands vice-rois et des grands égyptiens, ces ancêtres, qui ont précédé et suivi le magnanime et inoubliable Ismaïl.

Cela admis, il n'y a aucune exagération à dire que ces notes se rattachent à une série d'études et d'événements qui se continue et s'achève dans nos jours. C'est ainsi que l'Egypte actuelle est l'aboutissant d'un long passé d'efforts, de sacrifices, de dévouements.

On peut dans l'état heureux actuel en toute conscience établir un apophtegme, pour ainsi dire, géométrique : « Tout l'avenir tient dans le passé et le présent comme toutes les propriétés du triangle tiennent dans sa définition. »

Herbert Spencer, le grand penseur anglais, admet que toute réalité repose sur un arrière-fond. De là il n'y a qu'un pas à concevoir que cet arrière-fond de toute réalité enveloppe une serie d'actes, puisque nos faits en sortent, puisque notre conviction évidemment en dérive.

Dans cette histoire, toute récente, nous ne pouvons pas être dupes d'étranges méprises ou d'énormes erreurs, car nous pouvons considérer l'époque presque à côté de nous, sous nos yeux, jugeant tout à la mesure du présent. La lunette avec laquelle il faut la regarder est, par bonheur, du plus parfait achromatisme.

Cette décade est tellement rapprochée de nous, que ce ne sont pas ces quelques années d'histoire qui auraient épuisé sa sève. Car la période marque une date importante dans l'histoire posthume de cette époque mémorable. Certes il y a çà et là plus d'une observation ingénieuse, plus d'une formule heureuse à glaner et, tout en usant selon nos forces de ces faits indéniables, de l'analyse et de la critique possible, à chercher la grâce inspiratrice qui seule peut donner à nos efforts la direction et l'efficacité. Aussi bien, si, nous élévant au dessus des quelques fautes de cette période, et ne considérant que l'éclat immense qu'elle a jeté, il faut admettre qu'elle a été par un destin d'inlassable gloire, la période heureuse du règne d'Ismaïl.

Ismaïl Pacha, en possession du Khédivat, avait déjà commencé à réaliser en Egypte et au Soudan, ses larges vues de réformes et d'améliorations nécessaires au pays.

La grande et ancienne idée du transit de l'Isthme de Suez par la réunion des deux mers, réveillée par l'intuition heureuse de De Lesseps, patronnée généreusement par le vice-roi Saïd et réalisée complètement par le Khédive Ismaïl, eût sa solennelle inauguration le 17 Novembre 1869.

Cette grande fête internationale se manifesta avec un faste d'un cachet d'exceptionnelle grandeur (1).

Après l'ouverture du Canal de Suez le Khédive Ismaïl dirigea toute son attention vers les contrées du Sud. Alors eut lieu cette longue série de reconnaissances, d'expéditions, de conquêtes et annexions qui, en peu d'années, firent de l'Egypte un vaste Empire, s'étendant de la Méditerranée à l'Equateur et jusqu'au cœur de l'Afrique.

Le dernier demi siècle écoulé a été la grande période d'exploration de l'Afrique, et il est permis de dire qu'en matière d'explorations, le gros de la besogne se trouve achevée. Dans cet espace de temps se sont accompli des progrès immenses. Et en effet sur les cartes antérieures à cette période, l'intérieur du continent africain était représenté par de grandes taches blanches.

La géographie de ces contrées, jusqu'alors imparfaitement connues, peut être définitivement établie par les travaux des officiers du Gouvernement Egyptien, sans compter le concours de nombreux explorateurs et de savants

(1) L'Impératrice Eugenie a envoyé à Napoléon III un télégramme disant: « Récéption magique. Je n'ai jamais rien vu de pareil dans ma vie ».

qui, grâce à la large et généreuse protection que leur accorda le Khédive, purent librement et sûrement parcourir cette partie de l'Afrique.

S. A. le Prince Hussein Kamel, fils du Khédive était le Ministre de la Guerre, dans cette époque féconde et laborieuse. Tout le monde connaît le talent, le serieux caractère et le tact de ce Prince, alors bien jeune, mais en revanche doté de la vigueur exceptionnelle exigée dans ces moments de travail, inoui, incessant. C'est aussi sous son impulsion énergique, reflet des idées grandioses de son père, que toutes les expéditions militaires ont été exécutées, sur une vaste échelle dans ces contrées immenses.

Le général Stone était le chef de l'Etat-Major égyptien, et pour mieux dire, il en a été l'organisateur actif et savant. (1) Composé en grande partie de l'élite des officiers indigènes, cet Etat-Major comprenait dans son sein un nombre d'officiers américains et européens, doués de remarquable activité et intelligence. Ces pionners vaillants étaient tous cuirassés par le devoir d'une forte volonté de résistance et d'abnégation dans la détresse absolue à surmonter tant d'obstacles de ces pénibles voyages. Tout manquait de ce temps, de ce qui maintenant est facile et régulier. Tous les moyens propres faisaient défaut pour exécuter des explorations pénibles et difficiles, en bute à toutes les privations et sans les conforts voulues pour se défendre contre les tribulations de ces climats meurtriers, en certains lieux marécageux et paludéens.

------

(1) Voir, Abbate Pacha, *Notice biografique de feu Général Stone ; et Moktar Bey*. Bulletin Société Khédiviale de Géographie 11 mars 1881.

Le Khédive Ismaïl comprenait assez bien ces immenses sacrifices de conquêtes intéressant la civilisation entière. Il donnait aux chefs et aux officiers de ces expéditions tout l'appui et toutes les facilités possibles, en y dépensant des sommes énormes, mais absolument nécessaires, pour en obtenir les résultats satisfaisants qu'il avait prevus et dont il était presque certain et assuré d'avance. C'est le premier pas qui coute, tant en sacrifices qu'en argent. Il le répétait souvent quand on lui observait que ces expéditions coutaient de grandes dépenses : « Je sème avec une semence d'or, l'avenir, j'espère, me donnera raison. »

L'avenir, nous y sommes, nous le voyons sous nos yeux maintenant ; et l'empire rêvé est en partie réalisé. Quelques années après ces premieres périodes, le Soudan était en révolte par l'insurrection du Mahdi et les forfaits sanglants des Derviches. La cause principale de ces désastres et de ce désarroi avait été la défense énergique de l'esclavage, proclamée par le Khédive Ismaïl à fur et à mesure de la progression des conquêtes dans ces régions.

Le Gouvernement Anglo-Egyptien a reconquis désormais tout le Soudan (1) qui pendant cinq ans était tombé en proie à la barbarie et au fanatisme sauvage.

Depuis les temps réculés des Pharaons jusqu'aux époques grecques et jusqu'aux Romains qui, par des courageux centurions, poussèrent leurs reconnaissances presque aux *Sads*

____

(1) Voir mon mémoire *Kharfoum* et *Omdourman*, Bulletin de la Société Khédiviale de Géographie III Série 1900.

du Bahr-el-Gazal, le Soudan n'était visité qu'a de très-rares exceptions, dans quelques régions moins sauvages et barbares.

Mohammed Aly, le Grand, le chef de la Dinastie actuelle, dès le debut de son règne envoya au Soudan les premières expéditions avec objet spécial de repression ou conquetes a faire, et dans l'intérêt du commerce. Lui même n'hesita pas à se rendre dans les lieux, malgrés tous les obstacles et les dangers de ces temps. (1).

Mais des petites révoltes dans les contrées acquises, le mécontentement pour des taxes imposéés, la paresse et l'insouciance des riverains du Nil, donnaient à ces localités l'aspect d'abandon et l'idée de difficultés énormes.

Dans cet état de désintéressement complet, où on était arrivé, le vice-roi Saïd, très-soucieux de cet état de choses, et l'âme remplit de sentiments humains et de douceur, a voulu se rendre lui-même à Khartoum, la capitale, le chef-lieu où convergaient alors les rapports des tribus des deux fleuves, Bleu et Blanc.

Confiant tout-à-fait dans les meilleurs moyens pour redonner le bonheur et la tranquillité desirée par ses populations il degreva tout de suite des impòts, abolit plusieurs taxes nouvelles, et édicta des lois somptuaires en reglant doucement tous les désirs et toutes les questions réclamées alors à grands cris (2).

Les fameux décrets de bonté hors ligne de ces édits furent mal interpretés, et à rebours, par ces peuples

---

(1) Voir, Abbate Pacha, *Le Centenaire de Mohamed-Aly,* Bulletin de la Société Khédiviale de Géographie, mai 1905.

(2) Voir, tous les décrets promulgués en ces moments par le généreux Vice-roi Said. Ces édits se trouvent dans mon livre de l'*Afrique Centrale* etc., Paris, Plon, 1858.

turbulents. De graves incidents surgirent, et l'anarchie regnait à peu près, avec recrudescence de l'esclavage, sous les formes cachés du commerce des gommes et del'ivoire.

*
* *

Le Khédive Ismaïl après avoir songé aux urgentes améliorations de l'Egypte et aux grandes œuvres en projet d'exécution, avait dirigé ses regards vers les régions soudaniennes.

Déjà le mouvement des grandes découvertes s'y accentuait, Speke et Grant avaient rempli le monde d'admiration à l'intéressante nouvelle que le Nil mysterieux venait d'être surpris dans ses sources fécondes. Le colossal exemple fut donné — *alea jacta est.* Dès ce moment une playade d'hommes dévoués et vaillants commença à parcourir les régions, à la suite courageuse, du celèbre missionaire Livingston du savant Schweinfurth de l'heroique Stanley, (1).

*
* *

L'intérêt des régions soudaniennes était évident et fortement accentué.

_____

(1) Dans le nombre de ces pionniers hardis, rappellons à la hate Peterick, Brun-Rollet, Thibaut, Peney, Cuny, Miani, Piaggia, Debono. Terranova, Scnitzer, Junker, Gessi, Casati, Rolf, Nientingal, Bowman, Ruppel, Russiger, D'Esceyrac de Latour, Linant, Long, Mason, Teleki, Ohnel, Borelli, D'Abbadie, Matteucci. Lenz.

J'ai visité le Soudan soit à la suite du Vice roi Saïd, soit en simple voyageur, il y a de cela longtemps. Dans mes quelques publications, je me suis intéressé des régions soudaniennes, et au point de vue ethnographique des races negres. Voir à ce sujet mes mémoires antropologiques « *Le cerveau des nègres* etc. Institut Egyptien, 1889, et Bulletin des travaux de la Société Khédiviale de Médicine du Caire, 1904. « *Contribution à la maladie du sommeil chez les nègres.*

Enfin, j'ai eu la satisfaction de connaitre personnellement presque tous les célébres voyageurs du Continent noir avec qui j'étais en rapport constant comme Président de la Société Khédiviale de Géographie.

L'Etat-Major égyptien avait deployé tous ces efforts, pour repondre vigoureusement aux ordres et aux nobles visées du Khédive. Il avait désormais exécuté en Egypte les reconnaissances géodesiques des Oasis de Siwa par Mason, et celles des alentours d'Helouan rélevées par Purdy aidé par des jeunes officiers indigènes, jusqu'aux régions entre le Nil et la mer Rouge, et au parallèle de Kosseir. (1). Colston opérait peu de temps après la reconnaissance entre Kéneh et Berenice, se joignant à Purdy arrivé par mer. (2).

Entre temps, l'Etat-Major étendait le reseau des reconnaissances dans la haute Nubie et au Soudan proprément dit ; les officiers européens et indigènes suivaient les plans adoptés sous l'impulsion et les visées grandioses du Khédive.

Dans cette tache ce fut alors qu'on a ordonné l'expédition du Kordofan et de Darfour. A la collaboration de cette tache, les officiers égyptiens en particulier développèrent leurs talent et leur vaillance, méritant ainsi de la patrie et de la science, tant sous le rapport des connaissances géographiques que des intérèts nationaux.

La conquète du Darfour eut lieu définitivement en 1874. Les relevés de l'expédition de l'Etat-Major sont consignés en partie dans les publications de ces exploits. (3).

---

(1) Voir, Stone Pacha. Bulletin de la Société Khédiviale de Géographie, Série II. n. 7.

(2) Bulletin de la Société Khédiviale de Géographie, Série II. n. 9.

(3) Purdy Pacha, *Le pays entre Dara et Hofra el-Nahas.* Bulletin Société Khédiviale de Géographie, I. Série, n. 8. Mohamed Sâmi, *plan d'El-Facher*, en arabe. Mohamed Sabri, *Carte du Nord de Dar-for.*

Carte d'El-Obeid à El-Facher, dressée d'après les donnée de Prout, par les officiers égyptiens, Mahir et-Faouzi.

Ces cartes et ces plans ont été déposées à l'État Major.

L'expédition pour le Kordofan, qui avait été confiée et commencée par Colston, ensuite a cause de sa maladie, fut reprise sous le commandement de Prout. Faisaient partie de sa suite, Amer Rouchdi, Mohammed Mahir, Ahmet Hamdy, Iussef Hilmi, Kahil Fauzi : Les résultats de ces excursions pénibles sont surprenants. Les itinéraires relevés par les officiers indigènes, opérant simultanément dans toutes les directions, surpassent 6,500 kilomètres et il faut y admirer un grand nombre de positions determinées par des obser- vations astronomiques, et l'étude des pays au point de vue ethnographique.

« Pendant que, dans l'Ouest, l'Etat-Major égyptien enrichissait la science géographique par ces nombreux travaux, l'Egypte ouvrait à la civilisation la partie Est du territoire africain par la conquête du Harrar. (1)

Pour la réorganisation progressive du Soudan, deux facteurs principaux contribuèrent avec coopération efficace, aux vastes idées du Khédive, les illustres Beker et Gordon.

Déjá en 1868, Sir Samuel Baker avait été chargée d'une grande expédition, qui devait se rendre dans les régions équatoriales du Nil, pour « y introduire la civilisation, y

---

(1) Voir, Paulitsche, *La domination égyptienne au Harar*. Bulletin de la Société Khédiviale de Géographie, Série II n, 11. Mohamed Mohtar, *Le pays de Harar* ; *et Abdalla Fauzi*. Bulletin de la Société de Géographie, Série I. n. 4.

Ce fut à l'époque de l'occupation du Harar qu'eut lieu la mort de Munzinger, qui avait étendu la domination égyptienne dans le Soudan Oriental des 1870.

organiser l'administration, y supprimer la traite et y établir un commerce régulier. (1).

Les nobles efforts de Baker n'eurent pas de résultats pratiques et satisfaisants quoique au point de vue géographique, cette grande entreprise donna un succés évident et réel. Le Khédive n'hésita pas, au milieu des obstacles et des désordres suivis, de reprendre l'œuvre de Baker. Courageusement adroit, il partagea les pays du Sud en deux divisions : le *Soudan* proprement dit, avec Fachoda pour limite mérididionale, et sous le nom de Provinces Equatoriales, toutes les régions soumises à l'autorité de l'Egypte au Sud de Fachoda, et celles qui le seraient en suite.

Ces provinces équatoriales furent confiées à l'énergie indomptable et connue de Gordon, dont l'œuvre par ses féconds résultats, eut un retentissement bien merité.

L'activité de Gordon n'avait pas de bornes. En deux mots je résumerai ses nouveaux plans et ses meilleurs exploits.

Dans l'intérèt humanitaire, comme première mesure, il fonda la station *Tewfikieh* à l'embouchure du Sobat, pour arrêter les barques d'esclaves qui passaient librement en toute sécurité en amont de Fachoda.

Se conformant aux nobles intentions du Khédive, il ordonna que les esclaves libérés fussent constitués en colonie agricole.

Ensuite ayant constaté que la résidence de Gondokoro était malsaine, il fonda les stations de Gaba Schambech et de Bor. Le siège du Gouvernement fut établi à Redjaf et puis à Lado.

---

(1) Voir, S. Baker, *Ismailia a narrative of the expedition to Central Africa*, London 1871.

Sur l'état de ces régions et sur la *traite*. Voir Schweinfurth *Au cœur de l'Afrique*.

L'Empire Egyptien se trouvait presque établi de Khartoum à l'Equateur, au Lac Victoria. Il était temps de se mettre en rapport avec le territoire de l'Ouganda. Chaillée Long fut choisi par Gordon en mission chez M'Tesa le puissant roi de ces contrées. Dans cette expédition, Chaillée Long suivit et reconnut exactement le cours du Nil, du Lac Victoria à M'Rouli, et découvrit en route le Lac Ibrahim. Il opéra ensuite la reconnaissance du pays à l'Ouest du Bahr-el-Gebel dans les Makaraka (1).

En même temps — 1874 — les officiers Watson et Chippendal après avoir reconnu avec précision la contrée entre Redjaf et Dufli jusqu'à Magungo sur le Lac Albert, y constatèrent sa jonction avec le Nil (2). Sur ces entrefaites Linant de Bellefonds, envoyé aussi par Gordon en Ouganda, découvrit deux affluents du Nil, l'Hergogo et le Kabuli, une branche sortant de l'Ukerewe, et fit la reconnaissance d'une partie du Nil Sommerset au dessus de Foweira (3).

En suivant toujours les inspirations très-larges manifestés dès le debut de sa tache, Gordon, fit reconnaître et occuper l'Ounyoro ; reconnut lui-même le fleuve de Foweira à M'Rouli, en y laissant des stations dans tout le pays des Latouka, à Kiri, à Magungo, à Urondogani, près du Lac Victoria, dernière limite alors des possessions égyptiennes au Sud.

----

(1) Voir, C. Gordon *Map of the White Nile from Khartoum to Victoria Nyanza*, London, Intellig. Dep. 1874, 1877 — G. R. Hill, *Gordon in Central Africa*. London, 1881.—Chaillé Long, *Afrique Centrale*, Paris, Plon.— Carte de *Lado à Makaraka*, déposé à la Soc. Khéd. de Géog.

(2) Voir, Watson, *Topog. of Nile from Khartoun to Redjaf*, Journal of R. G. S. London, XLVI.—Chippendal, *ibid.*—Kemp, *Carte du Nil de Redjaf à Dufli*. Petermans Mittkelungen, 1875, Série II.

(3) *Itinér. et notes* de Linant de Bellefonds, Bull. Soc. Khéd. de Géog. et ibid. *Carte dressée* par G. Schweinfurth.

Cependant Gessi fut chargé de reconnaître le Nil, depuis les chutes de Karouma jusqu'au Lac Albert (1), tandis que Piaggia remontant le fleuve depuis Magungo découvrait le Lac Kapeki (2). C'est alors que Gordon chargea aussi Mason de faire un nouveau relevé du Lac Albert (3).

Mais le Gouverneur Général, titre qui avait été octroyé à Gordon par le Khédive, jugea ensuite convenable de faire évacuer l'Ounyoro, et limiter les possessions égyptiennes aux rives du Nil Sommerset, après avoir confié la *Province de l'Equateur* à Emin (Dr. Schnitzer) et la *Province du Bahr-el-Ghazal*, à Gessi.

En même temps que Gordon organisait les services du Soudan Sud-Ouest, le Khédive dirigeait ses regards aux régions de l'Est qui devaient former avec la Mer Rouge et l'Océan Indien, le grand enclos de l'empire égyptien.

Les officiers supérieurs égyptiens, Reuf et Moktar assuraient la conquête du Harrar ; Mac Killop et Long commençaient à la côte des Somalis la reconnaissance du Djuba par un trajet de 150 milles, avec l'officier Hassan Wassif qui releva la carte du fleuve. Ont résulté assurément de ces exploits, la correction de la carte des Somalis, le sondage des ports de Kismayou, sur l'Océan Indien, et un grand nombre d'observations, d'intérêt géographique réel (4).

Mais la navigation de ces mers, étant très dangereuse et de difficiles approches en tout endroit, le souverain

(1) R. Gessi, sul *Lago Alberto*. Bull. Soc. Géog. Italienne 1877.
(2) C. Piaggia, *Sur le Nil Sommerset*. Bull. Soc. Khéd. de Géog. Série II. n. 4.
(3) Mason, *Map of the Lake Albert*. Cairo, Etat Major — *Reconnaissance du Lac Albert*, Bull. Soc. Khéd. de Géog. Série I. n. 5.
(4) Voir, Col. Ch. Long. *On the Juba*, Bull. Amér. Géog. Soc. 1887.

prevoyant, ordonna l'érection d'un grand Phare au Cap Guardafui, dominant ainsi toute la côte et les alentours et dont le transit humain a ressenti un grand bonheur et soulagement.

*
* *

Gordon partit pour l'Angleterre au commencement du 1879.

Après son éloignement et la coïncidence de la malheureuse crise de l'Egypte, dans plusieur provinces du Soudan, des cas de révolte et de manque de foi, commençaient à se produire, non plus d'une manière latente. mais ouverte et en manifeste rebellion. C'est ainsi que s'approchait de son terme cette grande epopée africaine, dont sept année plus tard, arriva le dénouement fatal par la mort de l'illustre et mystique heros de ce drame (1).

Nous venons de traverser la zone révélatrice, la grande zone où se développèrent les découvertes, les faits et les gestes de cette intéressante décade historique, sous le règne d'Ismail (2).

Je me suis proposé dans ces modestes lignes, de donner un apercu général de la grande quantité de faits, évidents à la porté de tous, dont un grand nombre, si ce n'est

---

(1) Gordon était retourné d'Angleterre au Soudan en 1881. Il fut assassiné à Khartoum en 1885.

(2) Voir, pour tous renseignements et détails l'intéressant livre de Bonola Bey, Sécrétaire général de la Soc. Khéd. de Géog. *L'Égypte et la Géographie.* Le Caire, Imp. Nationale, 1900.

pas tous, ont été dans le temps dispersés par les chroni-
queurs, dans les journaux ou les récueils de toute sorte.
Par une synthèse rigoureuse, je me suis attaché à des
vérités que l'on méconnait davantage, mettant en relief ce
qu'on peut tirer quelque enseignement, et peindre d'un
trait ce qu'on pouvait delayer en volume. La multitude
d'anecdotes et de racontars n'est précieux qu'aux petits
esprits. On ne transmette à la postérité que des choses
utiles.

L'énumération succinte des faits saillants du règne
d'Ismail, constituent presque un volume d'histoire digne
de la dynastie égyptienne et du jugement sévère de la
postérité.

J'espère avoir donné dans le coup d'œil d'ensemble,
à vol d'oiseau dans la carte, la ligne vigoureuse, la tache
puissante que les faits produisent dans ces vastes contrées.
Les traits admirables dont ils sont pleins, sont mis en
évidence, en saillie, de façon à nous arrêter impressionnés.

Je n'hesite pas à mettre sur le même rang, à envisager
sous le même angle dans notre esprit, en une sorte de
vigoureux parallèlisme, notre fidélité aux conditions actuelles
dont s'honore le temps et le régime présent. Mes observations
faites sans esprit de système, sans être appuyées et prejugées
par sentiment de parti pris, sans être surpris de ce qu'on
constate, doivent être régardées comme probantes à souhait.

Le rôle de l'histoire pour être profitable, n'est pas
seulement de former le répertoire des faits; elle doit en
saisir la portée, le lieu, l'harmonie et le but. L'esprit
de généralisation doit mettre en œuvre les faits qui

lui fournit l'esprit éclairée d'observations non suspects. C'était en conséquence mon intention purement et simplement de faire ressortir le résultats des faits de cette période, de passer de l'optimisme aux vouloirs énergiques d'Ismaïl, et par dessus tout de l'action décorative résolue de faire grand. Il ne s'agissait d'éblouir mais d'être utile; de séduire l'immagination, mais de réaliser des bienfaits nationaux.

Chacune sait l'enchainement, les influences, des idées et des circonstances, qui ont produit ces faits; la recherche de leur mobile et leur interprétation, donnent à ces même faits une couleur si personnelle inattendue et vivante. Ainsi par ces récits historiques, on évalue l'activité intellectuelle ismaïlienne de cette période, en dégageant incessamment les causes et les conséquences des événements qui ont donné à l'Egypte, l'heureuse situation actuelle.

Certes je n'entre pas dans la considération des grandes œuvres exécutées en Egypte pendant cette légendaire époque et la large étendue donnée par le Khédive à ses vastes domaines, dont le centre était au Caire et l'immense circonférence embrassait plus qu'un quart de l'Afrique. Les œuvres créées en Egypte, sont connues de tous; elles sont débout, existantes encore, évidentes, indistructibles.

Presque un quart de siècle s'est passé et nous y remontons par le souvenir. Sirius, la plus belle étoile du ciel égyptien, dont les anciens admiraient l'influence sur la crue du Nil à son lever heliaque, Sirius, ne nous donne sa lumière qu'après 22 ans! Reportons-nous, avec cette exemple de la nature, en arrière à peu près de l'époque actuelle. On y verra par un regard retrospectif toute la clarté des verités et des faits, depuis lors émanants et rayonnants pour l'Egypte.

La contemplation et l'énumération de ces faits viennent se confondre dans notre mémoire ; les caractères inaliénables qui distinguent ces œuvres, nous révèlent leur intérêt et leur utilité au moins posthumes. C'étaient comme l'ébauche et l'aurore de ces épisodes.

Le cours inexorable des événements que je viens de poursuivre à travers les dédales des découvertes et des annexions du continent noir, semble mener, malgrés l'obstiné silence, vers la reconnaissance sincère dévolue au Khédive Ismaïl. C'est ainsi qu'on voit sortir cette époque de la pénombre de l'indifférence et se poser d'une façon précise et claire devant la conscience égyptienne.

La leçon de ces événements se rend perceptible même à longue échéance, lorsque le temps en a déduit toutes les conséquences et que les faits apparaissent dans leurs vérités, dépouillés de passion et des préjugés du moment où ils se sont produits. Nous ne devons donc tomber, avec le desintéressement, dans l'*amnesie* complète de ces faits, comme appelleraient les physiologues ces états de conscience ; il nous faut les contempler un moment, pour nous en souvenir et les garder indelebiles dans les cellules de notre esprit, la mémoire. Ce coup d'œil général vaut toujours mieux qu'une description de détails ; il est plus attractif, moins encombrant, plus suggestif, par les quelques exemples clairs et authentiques. Ce procédé simple et naturel consiste tout d'abord dans la vision nette des points de repère indiqués dans la carte. Les faits qui les ont produits et que pourraient paraître à quelqu'un les plus naturels et faciles, ont été à l'origine péniblement acquis. Ces points de repère ne sont pas choisis arbitrairement, ils s'imposent à nous, comme des éléments de conscience dont nous connaissons bien la position et qui par leur évidence et intérêt luttent mieux que les autres contre l'oublie.

On oublie facilement dans certains éventualités, les bienfaits reçus ; on oublie bien vite la source pour ne se rappeller que de choses minimes et inutiles. C'est la loi de l'histoire et elle n'est que justice, lorsque les bienfaits ne seraient été que le pretexte et, pour ainsi dire, le véhicule du mercantilisme. Mais nous l'avons signalé quelques pages avant. Le Khédive Ismaïl avec l'organisation régulier du Soudan, abolissant complétement l'esclavage, détruisant la traite deguisé sous forme de commerce, et réglant le sort de certains tribus, le trafic et le monopole des marchands, a affirmé le commencement d'une ère nouvelle de bonheur pour ces régions. Quand les historiens de l'avenir voudront fixer à un grand événement la seconde moitié du siècle XIX. c'est sans doute la conquête du Soudan, qu'ils choisiraient comme le grand essort le point culminant de l'Egypte contemporaine.

Les documents soumis à l'examen de l'histoire ne valent en dernière analyse, que par l'interprétation qu'elle en donne. Par conséquent, l'historien contemporain aura plus de chances d'approcher de la vérité, pour assurer l'exactitude et les soins de quelques détails. Tantôt l'objet de l'histoire se borne au récit pur et simple des faits passés, tantôt il joint à ce récit des appréciations critiques, morales, politiques. Elle s'alimente à des sources différentes — la tradition orale, les monuments, les relations écrites. La tradition s'altère souvent en passant de génération en génération. Faite en grande partie de résignation fataliste, elle a cristalisé dans l'histoire certains erreurs ou certaines vérités. Mais les monuments, c'est-à-dire tous les objets propres à établir la réalité d'un fait, offrent une source très-précieuse de documents, soit pour contrôler la vérité des relations écrites, soit pour suppléer à leur insuffisance.

Il est tout bonnement naturel que pour saisir la réalité des événements il faut encore comparer le présent au passé. Certes, il y a des différences positives et évidentes : mais il faut réflechir que rien ne peut échapper à l'évolution qui se produit partout ailleurs.

Nos notes et nos recherches historiques en conséquence nous amènent à envisager le bonheur de l'état présent, les formes extrêmes de cet état avec les formes intermédiaires qui les rapprochent et les unissent.

En cela, en effet, nous trouvons l'explication suffisante et en quelque sorte adéquate de tout ce qui s'est passé ; pour dévoiler les faits et gestes de la période qui nous intéresse et la controler nous n'avons pas absence de documents authentiques.

Cependant — c'est étrange - avec toutes ces déductions logiques de l'histoire, l'oublie domine la situation. On ne parle plus d'Ismaïl. S'il ne s'efface pas, s'il apparait par intervalles, s'il ne laisse percer le moindre sentiment de personnalité, si peu qu'il se montre aux souvenirs de son peuple, il est tellement expressif, si souvent l'on rencontre son œuvre, qu'on le penètre alors à fond et que l'on réconnait sans peine les grands résultats acquis au pays.

En revendiquant ce souvenir la nation égyptienne desinteressée et bienveillante loin de s'humilier elle s'honore. Tandis que et pour sur, la transformation rapide du peuple égyptienne est un phenomène qui dote de la période ismaïlienne. Naturellement disposée par le Grand aieul, les effets de cette éducation sont tous recents. Et je crois fermement qu'un souffle vivifiant et génereux passera pour relever dans le peuple le souvenir du premier Khédive comme revendication d'un oubli mal fondé.

Les torts, les disintéressements, l'insouciance, l'oubli, se rendent-ils quelquefois utiles et nécessaires ; leur réparation est alors d'autant plus instructive au suprême degré. Quand cette réparation du passé est évidente et prouvée incontestablement par des faits idéniables, l'histoire s'y repose comme assise sur un monument très solide et impérissable. Ce n'est donc pas tout à fait nécessaire songer à réhabiliter la mémoire d'Ismaïl. Ses œuvres, en disent assez, elles en attestent suffisamment d'elle-mêmes. Ces œuvres, ces grands résultats, ces améliorations, sont vivantes, parceque le peuple qui circule autour d'elles, perpétue sans le savoir, les gestes et la pensé de celui qui en a jeté les fondements ; parceque d'elles à Lui, il y a une pénétration réciproque que le temps n'a pu abolir.

Sans doute à toutes ces œuvres éclatantes et vastes, ces faits toujours visibles, ces succès fécondes, des personnages d'élite, des hommes d'Etat clairvoyants et de haute envergure, contribuerent de beaucoup à la réalisation des idées grandioses du Khédive. (1)

---

(1) Je me fais nu devoir de rappeller dans ce nombre de Pachas, de Généraux et hauts fonctionnairs en première ligne, l'intégre Riaz, le fidèle Marecha' Ratib, et AbdelKader encore vaillants, et les autres distingués, décédés, Chérif Zulfikar, Ragheb, Talaat, Kairy, D'afer, Kaider, Sélim, Murad, Kassim. Abdelrahman Kourchid, Zaki, etc. etc.

Quant à la Réforme judiciaire, la grande œuvre de morale et le fondement de la justice, — l'exemple unique et solennel suivi après dans autres régions de l'Orient — l'illustre Nubar s'y confond dans l'idée originelle crée et ordonnée par le Khédive, et dans l'immense succès déffinitif qui en suivit, Nubar a été le grand collaborateur sérieux de l'œuvre, et pour ainsi dire, la Nymphe Egérie du Souverain éveillé.

Les délicates négociations pour le Canal de Suez ; l'arbitrage de Napoléon III ; et surtout le rachat de la corvée dont la Compagnie du Canal faisait sentir le lourd poids à la population indigène pour les travaux ; les Firmans définitifs pour le Canal constituent à ce seul point de vue des bienfaits acquis au pays.

Immédiatement suivirent d'heureuses réformes et d'immenses traveaux publiques. La création et unification des Postes ; les traveaux énormes du Port d'Alexandrie et de Suez ; les ponts de Benah et de Gezireh ; les réseaux des chemins de fer étendus dans la Basse et la Haute Egypte; le grand projet de la voie ferrée en Nubie et au Soudan de Fowler, qui eut un commencement d'Assouan à Philæ; les canaux et les irrigations assurés par tout ; les immenses culture de coton et de la canne à sucre : l'institution de plusieurs société, celle entr'autre de la Société Khédiviale de Géographie, en 1875, la première en Afrique ; l'arpentage et le cadastre ; l'institution de l'école des filles; l'ouverture et l'aeration d'immenses boulevards et l'amélioration de plusieurs villes de l'Egypte ; l'érection de statues à son grand aieul Mohammed Aly à Alexandrie, de son père Ibrahim, de Lazoglu et Soliman au Caire. L'aide intelligente et spontanée qui contribua à l'expédilion du Sinai et du Madian au savant Burton ; l'institution des services sanitaires dans la Mer Rouge qui donnerent lieu à l'internationalisation et ensuite à la neutralisation du Canal de Suez (1), la gracieuse invitation des savants souvent même à l'intimité de sa table ;

____

(1) J'été chargé de ce service et un bateau special, le Khartoum, fut mis a ma disposition entiere.

Voir, à ce sujet mon mémoire au *Congrés International Sanitair de Rome, 1885.*

le commerce et les industries encouragés : toutes ces choses faites par le Khédive Ismaïl, à doter et réduire l'Egypte à un dégré de prospérité et de tranquillité paisible. Enfin le Khédive a voulu rendre le pays plus captivant, attachant, forçant les étrangers à revenir, en confirmant toujours cet ancien dicton « lorsque on a bu l'eau du Nil, l'on ne saurait en oublier la séduisante douceur. » Et c'est à Lui spécialement que le monde civilisé sera redevable de tant de choses précieuses, au point de vue de l'esthétique, du confort et de la facilité et sécurité les voyages, dans les villes, dans les déserts, de l'Egypte au Soudan.

Heureusement dans l'histoire contemporaine, on est à l'arbri de toute contestation, car tout le monde y assiste et en est témoin. On peut ainsi mettre en relief les belles actions sans emphase, comme leurs fautes sans amertume.

*
* *

Des raisons de haute politique firent arrêter et abandonner des conquêtes acquises au Soudan en plusieurs endroits: l'Ounyoro, l'Uganda, le Harar, la côte Somali. En suite la crise financière qui troubla la dernière année du règne d'Ismaïl, fit refleurir quelques anciens erreurs. Mais quand on y voit clair, on sera surpris de la quantité de notions exactes, de jugements impartiaux, de remarques fécondes, dont la décade dernière et tout son règne était pleine et qu'elle forme à elle seule, les chapitres les plus instructifs de ses annales.

Dans les écrits contemporains si, le Khédive, apparait parfois avec ses travers, on y constate toujours ses hautes qualités ; le bien n'est pas moins fidélement marqué que les défauts. Ses grâces, sa politesse, ses talents divers, l'esprit qu'il avait et qu'il faisait avoir aux autres, tout est mis en lumière d'une manière véritable et satisfaisante. Les grandes choses par lesquelles excelle son règne forcent à Lui pardonner ses quelques torts.

Tous les hommes en général et les Orientaux spécialement empruntent sans doute au milieu où ils vivent, mais ils rendent plus qu'ils n'ont pris. Telles furent les défauts du faste et de la prodigalité d'Ismaïl Sa tendence à regarder dans le lointain, lui diffuse quelquefois la vue des choses voisines. Il mesurait avec son esprit les lignes droites, que lui cachaient les lignes courbes et les surprises du terrain. L'idée d'un empire Egyptien, riche et puissant, exemple de civilisation et de progrés en Orient, cette idée était en elle même suggestive, impérieuse, dominatrice: elle forçait les faits, les événements, les obstacles. C'est en conséquence que les défauts de l'homme disparaissent devant la gloire du Prince. On doit se rappeller à ce propos le mot de Bolingbroke sur Marlborough: « c'était un si grand homme que j'ai oublié ses défauts. » Voltaire en prend exemple en se servant presque des mêmes mots à propos de Pierre le Grand.

Ceux qui ont approché le Khédive Ismaïl pendant plusieurs années professaient pour lui une estime et une admiration d'autant plus inalterable qu'elle n'était fondée ni sur le préjugé, ni sur la conformité d'opinions. On y releve categoriquement qu'il ne se heurtait pas aux difficultés insurmontables, grâce a l'exceptionnelle conjonction d'aptitudé spéciales de clair—voyance dont l'ont favorisé sa ferme volonté et son prestigieux talent et qui l'amenaient à des mesures énergiques.

Arretons nous à cet éblouissement de l'ensemble. Les grandes œuvres nationales constituent elles mêmes un monument perpetuel aux souvenirs des peuples et du pays. C'est ainsi que en l'absence de statues (1) ou de monuments, latries quelquefois obligatoires ou forcées, toute l'Egypte et le Soudan s'élevent comme un monument solennel à sa mémoire — *Monumentum ære perennius !*

Les temps s'assombrirent, la lutte eut un épilogue, *væ victis.* La puissante ploutocratie eut gain de cause et ceux qui avaient puisé largement dans les prodigalités du Khédive, les premiers lancerent des pierres au vaincu.

Ismaïl fut grand patriote spécialement au suprême moment. Il comprenait la solution forcée, la loi fatale du déclin, l'inéluctable loi de toute œuvre humaine. Il pouvait entendre des conseils secréts et des suggestions séduisantes : il préféra l'eloignement et l'exil.

La large et affectueuse hospitalité de la grande dynastie de Savoie et de toute l'Italie, soulagea pendant quelques années sur le délicieux et echanteur golf de Naples, ses jours. Attiré encore une foie par l'Orient, il se rendit à Constantinople où il est mort de tristesse et de chagrin.

Laissons Ismaïl en paix dans son tombeau. Que l'Egypte au moins lui soit reconnaissante. Desormais dans les revers passés il n'y a rien de desespérant. Tout est fini, et le pays

(1) A la mort du Khédive, a la cérémonie solennelle de la commémoration faite par la Société Khédiviale de Géographie dans la grande salle du Conseil Legislatif, de nobles vœux se sont manifestés par la voix autorisée de savants et hauts personnages, en invitant le peuple égyptien d'élever une statue au grand souverain. Voir dans l'annéxe le discours du Prof. Schweinfurth. Ces vœux sincères et réconnaissants ont été oubliés aussi.

prospère, grandissant, florissant avec ses finances restorées et equilibrées, avec ses immenses ressources assurées et décuplés.

Que l'Egypte continue vaillamment à donner à ses enfants l'instructions la bonne volonté, l'insouciance des préjugés, la virilité des principes ; et ce sera autant de gagné pour le bonheur du fellah, pour l'intelligence de ses enfants, pour la raison sociale, pour la civilisation, pour l'humanité.

L'Egypte et le Soudan qui n'étaient hier qu'une collectivité de races disparates, une expression géographique, ont acquis maintenant par les grands faits précedents, la conscience de la solidarété historique ancienne et le réveil de leur hégémonie dans les ténébres mystérieuses équatoriales où ils étaient plongés.

*
* *

Je revéndique comme un titre d'honneur pour les hommes intellectuels, d'avoir signalés les faits du Khédive Ismaïl dès la première heure, dès que l'oubli immense, le silence forcé et le désinteressement complèt déssinaient leur courbe fatal d'indifférence.

J'ai dégagé ma pensée de toutes les équivoques dont l'intérpretation mal contrôlée pouvaient l'envelopper. J'ai voulu qu'aucun doute subsistât, qu'aucue ombre ne demeurât, et que mes notes n'eussent rien d'exclusif ou d'agressif. Il y a assez encore à éclaircir en cette question, pour défendre dans toute la latitude les principes et les parties extrêmes. Beaucoup d'adversaires, la plus grande partie malvaillante et intéressée, ont combattu à outrance inhumainement le Khédive après la défaite. Mais avec la réflexion et le temps on y a vu plus clair et juste. Réflechissons que dans l'ordre de la pensée on ne peut-être assuré de posséder la vérité que à la condition de lui avoir fait subir toutes les épreuves de la critique et du temps. Une vérité dont on n'a pas douté est une vérité problematique. Elle n'a passé à l'état définitif de vérité absolue, que lorsqu'elle a traversé saine et sauve le feu de la discussion et des contradictions.

Ainsi mon point de départ, comme mon but, a été l'intérêt de l'Egypte, profitable au pays, mais en même temps à la vérité historique, et c'est par elle qu'elle est égyptienne par excellence. .

Je n'ai rédigé de l'Empire Egyptien de l'époque ismaïlienne que des traces et des notes qui se rapprochent du Soudan Anglo-Egyptien actuel, vastes possessions qui deviendront riches par les exploitations et le travail.

Si j'ai rappelé sommairement quelques faits et gestes en général du regne memorable et légendaire du Khédive, et ce même en me repetant souvent, c'était pour réveiller comme une révéndication ce grand souvenir de l'oubli où il était plongé complétement ; oubli et silence malheureux infligé à la mémoire sacrée de ce Prince. Mais, en toute équité, il faut lui reconnaitre le merite du don qu'il a eu d'ennoblir tous les sujets qu'il a touchés, et reconnaitre les grandes qualités employées pour Son Œuvre, soit, l'habilité consommée, une clairvoyance aigue, et une souplesse avisée et une énergie sans violence, qualités qui lui permirent d'asseoir pour longtemps l'Egypte et le Soudan, sur des bases solides.

On ne devrait pas parler légérement de ces œuvres qui furent si difficiles, si périlleuses, mais si imbues de prevoyance et d'utilité. Tout émerveillé de ces belles luttes, on peut s'écrier: il faut que cet homme eu de l'âme, de la sensibilité, de la gran-

deur. Ft je crois que tous les indigèn s, tous les européens
ou étrangers, partagerons cet avis unanimement.

Je me suis enfin décidé à publier ces notes avec toute
conscience et liberté et que la juste Nemesis de l'Histoire me
soit propice.

P.S.—(1) Surpris et peiné par une publication récente—j'ai voulu me faire sur
d'autres anciennes -- j'été poussé à rédiger les notes précédentes.

Dans ce livre « *THE NIL QUEST* »-by Sir Harry Johnston, London 1903
l'auteur ne se daigne pas, au milieu de tant d'erreurs et d'oublis. rappeller
l'œuvre d'Ismail. Pourtant il se décide pour *une seule fois* de le nommer l'am-
bitieux Khédive. Pour sur, ce n'est pas vouloir ainsi flétrir avec ces deux mots
sa mémoire, c'est la rélever. L'ambition est de tous ceux qui veulent, qui con-
naissent et qui font de grandes choses, qui opèrent et donnent d'immense et
utiles résultats. Du coup, pas besoin d'y rèvenir : les faits dèviennent suffisant[s]
pour juger en èquité comme en conscience et en droit.

Un autre livre vient de paraitre tout récemment, depuis quelques jours :
« *THE ANGLO-EGYPTIAN SUDAN, a compendium prepared by officers of
the Sudan Governement, Edited by L. Col. Com'e Gleichen, London 1905.* »

Dans ce magnifique ouvrage on rappelle correctement l'Empire du Soudan
sous le règne du Khédive Ismail.

Mais sans récriminer contre quoique ce soit, sans rien exagérer et en gar-
dant à l'égard de tous la mesure et le respect qui s'imposent, je regrette que dans
ce beau livre on y ait oublié beaucoup de détails et vérités historiques inconte-
stables. On y a aussi oublié de signaler parmi d'autres citations bibliographiques,
les documents, les cartes, et les Bullettins de notre Société Khédiviale de Géographie. Elle en a souvent fourni les reinsegnements dèmandés par l'*Intelligence
Departement.*

Je ne parlerais pas de la négligence évidente de publications et de noms
d'intrepides voyageurs qui contribuerent aux grandes decouvertes du Soudan,
ainsi que les publications de Bonola Bey, voir pag. 19. Dans ce nombre d'oubli,
et d'omission je suis contreint a y comprendre mon très ancien livre sur le Soudan, voir pag. 12

ANNEXES

Je réproduit les discours publiés par la Société Khédiviale de geographie dans la séance solennelle à la mémoire du Khédive Ismaïl du 15 Mai 1895.

Dans ces discours sont notés sommairement les œuvres du regretté Souverain, tant en Egypte qu'en Nubie et le Soudan, qui formaient alors l'empire egyptien, ebauché en grande partie et réalisé.

—

La Société Khédiviale de Géographie a voulu me confier
la charge de présider cette séance de commémoration du
Khédive Ismaïl Cet honneur me flatte et m'est précieux,
parce qu'il me donne l'occasion de rendre, à mon tour, un
public hommage à celui qui fut mon maître et m'ordonna
il y a vingt ans, de fonder, sous ses auspices. cette Société.

Vainement j'essaierais de vous exprimer les sentiments
que j'éprouve! Que de souvenirs lointains, presque oubliés,
réveille en moi la mort de notre ancien Khédive, prince in-
comparable, réformateur de l'Egypte ! Sa fin prématurée
provoque l'unanime témoignage de notre douleur. Ses der-
nières souffrances ont rappelé vers lui nos sympathies fidèles
et sincères.

C'est un devoir religieux, pour nous, de lui garder notre
invariable gratitude pour les bienfaits qu'il a répandus sur
notre science, au cours de son règne.

Je ne tenterai pas de vous dépeindre les hauts mérites
de celui dont nous honorons ensemble la mémoire, ses qualités
intellectuelles, son excellent cœur. Oui. son cœur ! Nous, que
l'avons connu, nous, qui avons été les témoins de ses actions,
nous avons eu, chaque jour, les preuves de sa bonté.

Je m'abstiens de juger les aptitudes du souverain, maître
du vaste empire que fut, sous son gouvernement, la domination égyptienne en Afrique. Il serait déplacé, à cette heure,
d'analyser et de peser le pour et le contre de ses actes po-

litiques ; mais je crois pouvoir vous dire que le grand développement de l'Egypte au xixe siècle est l'œuvre d'Ismaïl !
L'impulsion qu'il sut donner à ce pays est son plus grand
mérite ; elle sera la gloire qui lui est due et lui sera rendue
dans l'histoire. Sans lui, l'Egypte attendrait encore le progrès et la prospérité dont elle jouit.

Certes, ce progrès et cette prospérité paraissent aujourd'hui bien autrement assurés ; mais il serait injuste de les
attribuer, sans partage, au mode actuel de gouvernement.
Les germes sont éclos sous Ismaïl ; c'est à lui que nous en
devons les fruits. Les perfectionnements matériels, les commodités et les agréments de la civilisation moderne qui nous
entourent sont dus à son initiative. Il a fécondé le gouvernement et les administrations publiques en même temps que
le commerce et l'agriculture du pays. Il n'avait pas derrière
lui un peuple homogène ; il ne pouvait donner à sa politique
l'appui d'une nationalité égyptienne ; il a donc gouverné
suivant les préceptes et les traditions de ses prédécesseurs.
Les historiens éclairés constateront qu'aucun souverain oriental n'abusa moins que lui d'un pouvoir tyrannique. Par
excellence, il fut le Prince éclairé, le Roi qui devance et son
peuple et son temps ! Placé en sentinelle du progrès sur un
point qui réunit les trois parties du monde historique, il observait, d'un œil attentif, la marche de la civilisation. Il se
souvenait que l'Egypte ancienne en avait été le foyer d'où,
lumineusement, elle s'était répandue dans le monde. Entre
deux époques et deux civilisations, il nourrissait l'espoir d'une
renaissance égyptienne par l'adaptation et le concours des deux
éléments. La destinée de ce pays est de servir d'intermédiaire
et de transition. Sous Ismaïl, l'internationalité, s'accentuant,
en a fait le pays des contrastes et des anachronismes. Le

tempérament et le caractère du Khédive se prêtaient merveilleusement à cet état de choses. Aucun Prince ne sut tirer meilleur profit des aptitudes qui distinguent les nationalités. Il avait le respect de la science et de l'érudition allemandes. Il chérissait les arts de l'Italie ; la musique italienne ne lui doit-elle pas un de ses chefs-d'œuvre ? Il aimait la France ; presque français lui-même par son éducation, il reconnut les Français comme maîtres d'école de l'Egypte. Il admirait le génie de l'Amérique du Nord, ses conceptions grandioses, sa suppression de l'impossible. Il était pénétré de la supériorité de la culture anglaise.

S'obstiner dans la négation des mérites de notre ancien Khédive, c'est affecter l'ignorance de l'Histoire, des Rois et de l'Orient. Les calomniateurs sont une nécessité comme l'ombre à côté des plus grandes lumières. La comparaison n'est possible que des hommes et des choses comparables. Celui qui portait sur sa tête la double couronne de la Haute et de la Basse-Egypte n'était pas un simple mortel. Il serait ridicule de le mesurer suivant le canon des existences bourgeoises et de le juger au criterium des valets de chambre, pour qui n'existe aucun grand homme. Ismaïl eut un réel défaut ; par excès de bonté, il fut trop accessible. Le monde l'a vu de trop près. — Pour moi — et pour tous ceux qui, comme moi, n'ont éprouvé personnellement ni ses bienfaits ni sa disgrâce — son éloge est un acte de justice. Il occupe la plus haute place dans le passé de ce pays.

Les hommes disparaissent, les gouvernements changent, l'Egypte reste ! — Cette perpétuité nous offre une grande consolation ; Ismaïl parviendra à la postérité la plus reculée.

Avant de céder la parole au président de la Société Khédivial de Géographie, qui trouvera des accents plus dignes de notre deuil, il me reste un vœu à former. Ici, au milieu du Caire, sur une place publique, au centre des créations d'Ismaïl, la génération actuelle doit élever à la mémoire du grand Khédive un monument digne de lui et acquitter ainsi pieusement sa dette de reconnaissance.

—

Les hommes sont jugés d'après leurs bonnes inspirations, et les Princes d'après leurs grandes œuvres : plus leurs actions utiles et généreuses tendent à assurer le bien-être public, plus elles sont appréciées par le peuple qui en gardera un bon souvenir. La renommée de ces grands personnages sera transmise par la reconnaissance populaire d'âge en âge et jaillira sur les auteurs de ces bienfaits comme un trait de lumière et de gloire pour les faire aimer et vénérer éternellement.

Messieurs, le Khédive Ismaïl pacha, dont notre pays porte malheureusement aujourd'hui le deuil, a accompli de grandes choses dans notre vallée du Nil pour assurer le bonheur de son peuple en y propageant les sciences et la civilisation. De quelque côté que l'on porte le regard, on rencontre les marques de ses bienfaits. Il avait en outre le don de les semer partout afin de retrouver, sans guides, l'empreinte de ses libéralités et de sa grandeur.

Sans aller plus loin à la recherche de mon sujet, je dois vous rappeler, Messieurs, que c'est à ce Prince que notre Société de géographie doit son établissement ; dès sa fondation, ce Prince éclairé et magnanime n'a rien épargné pour la soutenir et la porter au niveau des institutions analogues des autres pays, lui permettant ainsi de rendre à l'Égypte de nombreux et importants services dans le domaine des sciences géographiques.

Il était donc, Messieurs, du devoir de notre Société de se réunir en séance commémorative pour rendre hommage à la mémoire de son illustre Fondateur et Lui payer solennellement ce juste tribut de regret et de reconnaissance.

Le Khédive Ismaïl Pacha est le premier qui de nos jours a ouvert les provinces équatoriales de l'Afrique Centrale : entre Redjaf, Gondokoro, Fachoda et Tewfikieh d'une part, Zeïla et Harar de l'autre. Il recula ainsi les bornes de l'Egypte jusqu'aux sources du Nil, en lui donnant une extension qu'elle n'a jamais atteinte avant lui ; par cela même, tout en servant la science géographique, Il ouvrit les portes au commerce et devint le précurseur de la civilisation dans ces régions. Œuvres généreuses qui Le classent parmi les grands monarques et qui, ce me semble, Lui donnent un droit à la reconnaissance de toutes les nations.

Ce Prince éclairé délégua plusieurs missions dans le Soudan et les déserts égyptiens afin d'y tracer et préparer les routes, briser les obstacles par terre et par eau, pour accélérer la marche des caravanes et des bateaux et faciliter le transport entre les différentes villes et les villages.

C'est à Lui que nous devons la carte géographique de l'Egypte dressée, sur ses ordres, par des ingénieurs égyptiens.

Il institua le service du Cadastre, dota la ville du Caire d'un Observatoire qu'il a libéralement muni d'instruments physiques et astronomiques.

Suivant les traces de son illustre grand-père, Mohammed Aly, Il porta un intérêt tout particulier à l'enseignement spécial ; Il rétablit les écoles supérieures tant civiles que militaires, qu'il fournit de tout le matériel d'enseignement nécessaire. Sous la direction de professeurs habiles, égyptiens ou étrangers, ces écoles, conjointement avec les différentes

missions en Europe, ont produit cet essaim d'hommes instruits,
intelligents et capables, qui ont rendu et qui rendent encore
de grands services dans les différentes branches de l'administration.

Un trait de la magnificence et de la générosité hos-
pitalière d'Ismaïl pacha se manifesta à l'occasion des grandes
fêtes qu'Il donna à l'ouverture du Canal de Suez. Il y convia
les savants les plus marquants et les Princes les plus distingués de l'Europe, Il prit grand soin de ses illustres hôtes,
les charma par ses prévenances et ses amabilités ; aussi
retournèrent-ils enchantés dans leurs pays, Lui prodiguant
les félicitations les plus sincères pour sa coopération à cette
grande œuvre, mise au service de l'humanité en général
pour l'extension du commerce international.

C'est à ce Prince, soucieux de l'éducation de ses sujets,
que nous devons l'institution de la Bibliothèque nationale : les
livres contenant les riches trésors de la pensée humaine, qui
étaient jusque là dispersés dans plusieurs endroits, furent réu-
nis, par son ordre, dans une édifice convenable, gardés et des-
servis par des hommes compétents à l'avantage du public
studieux.

Indépendamment de tous ses bienfaits, je dois dire que
Ismaïl pacha était compatissant et libéral ; sa générosité s'étendait non seulement sur ses sujets égyptiens, mais elle embrassait
également les étrangers, sans distinction de races ni de religion.

Animé d'un sentiment de piété et de bonté, préoccupé
toujours du bien de son peuple, ce Prince charitable s'attacha
à cultiver l'esprit des pauvres en instituant de vastes terrains
en wakfs pour l'entretien des écoles communales et la restau-
ration des mosquées.

Je n'avais point, Messieurs, la prétention de faire la

biographie du Khédive Ismaïl aujourd'hui. J'ai pris la parole
seulement pour exprimer, au nom de la Société Khédiviale de
géographie, la douleur et les regrets que nous cause la perte
de ce Prince affable et magnanime. Tous les Egyptiens, sans
exception, s'associeront avec nous dans ce triste devoir pour
pleurer ce Prince qui a tant fait pour embellir notre Caire
et qui par l'institution de l'Ecole de droit et les nouveaux
tribunaux a fortifié parmi nous les idées de justice et de liberté.

Discours du Dr ABBATE PACHA, Président de la Société.

—

A vous que la mémoire d'un grand prince appelle de tous côtés à cette triste cérémonie, ma faible parole ne pourrait vous tracer ce que peuvent donner de plus glorieux la naissance et la puissance accumulée sur une tête.

Cependant la *Société Khédiciale de Géographie* se fait un devoir de rendre solennellement un tribut de respectueuse reconnaissance à la mémoire de son Auguste fondateur.

Ce fut en 1875 que le Khédive Ismaïl conçut cette idée en pressentant déjà la nécessité et l'utilité de cette institution, les services qu'elle pouvait rendre aux savants du monde entier et le prestige qui en résulterait pour elle. Et en effet la Société Khédiviale, dès sa fondation, s'est trouvée en rapports constants avec les sociétés identiques des deux mondes, rapports de fraternité réciproque, sources et avantages communs pour les recherches scientifiques, les relations commerciales, les explorations et les découvertes utiles et profitables à la civilisation cosmopolite.

Les vues du grand fondateur embrassaient le développement du pays et du progrès, l'extension et les relations, au delà de l'Equateur, des contrées orientales africaines, de la mer Rouge et de la Méditerranée, Méditerranée qui les relie à l'Asie et à l'Europe. Et, permettez-moi de le dire ici, cette mer, si souvent sillonnée par l'illustre prince que nous pleurons, a dû être étonnée de porter sur ses flots, il y a à peine quelques jours, le cercueil de l'ancien souverain de l'Egypte.

Il n'est point difficile, a dit Théognis le moraliste, de louer ou de blâmer; les hommes de bien doivent seuls garder en tout une juste mesure. Cette mesure, cette équité, et j'ajouterais cette justice, nous est imposée dans le panégyrique de ce prince que nous avons accompagné à sa dernière demeure et dont le tombeau s'est fermé, avant-hier, à l'Imam Rifaï.

L'annonce de la mort d'Ismaïl n'en a pas moins causé l'émotion la plus profonde chez ceux qui se souviennent de sa vie égyptienne, de sa personnalité, une des plus intéressantes de l'histoire moderne de l'Egypte. Il est mort en exil, loin des siens, loin de cette terre qui, malgré tout, lui doit beaucoup, immensément même. Ceux qui, dans ce temps, ont pu connaître le fondateur du Khédivat tireront un voile sur quelques erreurs, peut-être, pour ne se rappeler que de ses idées grandioses et patriotiques, de son hospitalité suprème, de sa générosité sans bornes et de toutes ses hautes qualités, qualités essentielles à un grand souverain. En l'abordant, on ne pouvait se défendre d'un sentiment séduisant; il savait être un grand charmeur et en même temps commander le respect.

Ses adversaires, ses quelques ennemis secrets, ne pouvaient en sa présence échapper à cette double impression ce qui est plus surprenant, c'est qu'elle lui a survécu; on l'a éprouvée devant sa personne comme devant sa mémoire. Aussi semble-t-il aujourd'hui que les rancunes, les violences de quelques adversaires se soient désarmées devant cette grande figure.

Porte-drapeau de la civilisation égyptienne, s'inspirant des idées de son grand aïeul, le chef de la dynastie, Mohammed Aly, et de son prédécesseur Saïd, Ismaïl pacha, dès le commencement de son règne s'efforça à étendre et à tel point

élargir les relations matérielles et morales de son peuple
que ses malheurs, ses erreurs mêmes, n'eurent pour source
unique qu'un excès d'ambition patriotique, et non pas d'ambition personnelle Il put donner ainsi libre cours à sa nature qui le poussait à la réalisation des grandes choses S'il
s'est parfois trompé, si son amour du faste et sa prodigalité
ont été sévèrement jugés, il n'en est pas moins vrai que,
grâce à lui, l'Egypte a pu faire un pas énorme vers le
progrès; que partout le nom d'Ismaïl reste attaché à quelque
chose de grand et d'utile, et quelles que soient les différentes
appréciations portées sur ses actes, il est un mot fatidique,
mais vrai, un mot qui sera toujours sur nos lèvres en considérant son œuvre: *o felix culpa!*

Il était un enthousiaste voulant faire grand. Son idéal
était tellement élevé que pour la réalisation de ses projets il
devait rencontrer d'innombrables obstacles. Mille fois il les a
surmontés; et à la fin, s'il a été atterré par son œuvre
même qu'il avait rendue trop ardue, sa retraite a été la ré-
traite d'un champion fort, d'un noble vaincu par ses grandeurs
mêmes. Ceux-là dont les cœurs raffermis par la raison ne
redoutent pas de manifester les sentiments de respect et de
reconnaissance, sauront apprécier à leur juste valeur les bienfaits de cette vie active et prodigieuse de l'illustre exilé.

En dehors de l'impulsion et du développement considé-
rables donnés à l'agriculture, à l'extension de la production
du coton et de la canne à sucre; en dehors de toutes les
nouvelles institutions comme la Réforme des Tribunaux, l'u-
nification des Postes, l'extension des réseaux de chemins de
fer, les ponts, les grands travaux des ports à Alexandrie et
à Suez, l'embellissement des villes d'Egypte et du Caire en
particulier, la protection et l'élargissement des écoles, des

institutions scientifiques et de l'enseignement, général, la création de la *Société Khédiviale de Géographie* fut pour le grand fondateur comme la synthèse de ses aspirations les plus élevées apportée à l'immense étendue de ses projets. Mais sa sollicitude à l'introduction de toutes les réformes; ses efforts pour mettre le pays en contact direct avec le monde entier; sa généreuse protection aux étrangers; ses invitations aux monarques et princes pour l'inauguration du Canal de Suez; tant de choses très utiles, quoique ordonnées et exécutées dans un espace de temps restreint; cette fièvre ardente d'amélioration, toutes ces grandeurs, tout ce luxe, tant de dépenses prodiguées à mains ouvertes, toutefois avec élévation d'esprit, mais très peu de prudence, nous font ressouvenir des célèbres mots de Cicéron adressés à un grand personnage de son époque qu'il définissait *animo virili, consilio debili*. Cependant c'est dans le souvenir de toutes ces grandes choses que le souvenir d'Ismaïl est partout; on enterre les morts, mais quand les grands résultats restent, on vit de la vie des souvenirs, car il ne s'efface point le passé dont les œuvres font date.

Tout est mortel. Les rois et les princes, les riches et les heureux n'échappent pas à la loi générale de la douleur et de l'anéantissement, à la grande loi des transformations perpétuelles des éléments. Une chose est immortelle : la renommée — le culte et la religion des souvenirs. On n'est pas enseveli dans l'oubli quand on a fait pendant la vie quelque chose de grand et d'utile. Tout nous prouve dans l'homme le désir de se survivre à lui-même. Les pyramides, les mausolées, les monuments, les épitaphes, tout nous montre qu'on veut prolonger par les souvenirs son existence au delà des cendres.

Les souvenirs qui nous remettent en mémoire la fin prématurée de l'Auguste exilé, nous imposent à tous l'expression d'un suprême hommage sur sa tombe et le devoir d'apprécier sérieusement les résultats de Son œuvre.

Les historiens trouveront sûrement un certain rapprochement, dans le caractère, la grandeur des vues et des intérêts scientifiques, des trois grands pharaons du second empire. En effet, Ahmés II. Totmès III et Ramsés II furent les trois souverains qui s'occupèrent expressément du développement des recherches géographiques profitables à tous les points de vue à l'Egypte.

Aujourd'hui les cercueils et les momies de ces fameux rois se trouvent au musée de Guizeh, ce musée création première du Khédive Ismaïl. Etrange coïncidence! Aujourd'hui, à peu de distance, sur un même ligne parallèle à la mosquée de Rifaï, sous la Citadelle, repose dans son tombeau celui qui fut le digne successeur des trois pharaons, à quelques kilomètres de distance du Musée égyptien, son œuvre.

Inclinons-nous respectueusement devant le sarcophage d'Ismaïl

Il ne m'est pas permis de m'étendre plus longuement dans cette triste occurrence en relevant combien dans une seule vie on rencontre les extrémités des choses humaines ; cette puissance, ce prestige étonnant le monde, se sont écroulés devant les outrages de la fortune, mais le nom d'Ismaïl sera buriné dans le bronze de l'histoire.

à paraître